パワーハラスメント

なぜ起こる？　どう防ぐ？

金子 雅臣

はじめに …… 2
1 なぜ、「今」なのか …… 4
2 パワーハラスメントとは何か …… 9
3 激増するパワーハラスメント相談 …… 15
4 問われる職場環境 …… 24
5 パワーハラスメントになる時、ならない時 …… 37
6 パワハラ加害者にならないために …… 43
7 パワーハラスメントをどう防ぐか …… 52
おわりに――パワーハラスメント対応の基本 …… 58

岩波ブックレット No. 769

はじめに

職場のパワーハラスメントが、今大きな話題になっている。その内容は、職場での些細《ささい》な言葉のやりとりを冗談めかして取り上げるものから、いわゆる「職場いじめ」と言われる深刻なものまで幅は広い。

いずれにせよ言葉というものが、時代の風潮を敏感に感じ取り、反映してみせるものであることを考えると、こうした言葉の流行は、歓迎すべきでない雰囲気が職場に漂いはじめていることを教えている。

確かにここ数年、職場の人間関係がにわかにクローズアップされてきている。総じて職場の人間関係が壊れはじめているためであり、その訴えの多くは、職場の人間関係に悩みを抱えているというものである。

そうした悩みの内容は、「上司が信頼できない」「同僚とのコミュニケーションがうまくいかない」などというものから、「上司から毎日叱責《しっせき》され、職場に行くのに気が重い」「同僚とうまくいかず、職場に行きづらくなってしまった」「職場の人間関係に悩み、退職を考えている」などというものへと発展する。

こうした職場の上司や同僚との人間関係の不満は、これまでもなかったわけではない。しかし、これまでのこうした不満は、いわゆるどこの職場にもありがちな一種のボヤキに近いものだった。ところが最近の訴えからは、従来の「職場の風景」とは少し違ったものが見えるような気がする。

もちろん、訴えの多さという量的な違いもあるが、気になるのは深刻さの度合いを含めた質的な違いのほうである。これまでであれば、些細な出来事として笑い話になったようなことが、大きなトラブルに発展してしまったり、抜き差しならない事件になったりする。

なぜだろう？　あくまで人間関係なのだから、当事者たちにはそれぞれ事情があり、言い分もある。そして、あくまでそれぞれの人間関係において起こっていることであれば、一律に語ることは難しい。

しかし、それでも気になるのは、従来であればそうはならなかったであろう些細な出来事が、大きなトラブルになってしまうという現実である。

このようなテーマに対するアプローチの方法は様々にあるだろう。オーソドックスな考え方としては、人間の意識変化のありように注目するやり方がある。性差や世代間の意識差、さらには被害者や加害者の人格特性について考えるというやり方である。またそれ以外にも、時代の風潮などとの関連で、世間常識やモラルの変化を考察するアプローチなどもある。

しかし、こうした多様なアプローチの方法があるにせよ、ここで取り上げて問題にしたいのは、そうした人間関係一般において起こるハラスメントではなく、あくまで「職場」という場面で起こる、いわゆるパワハラである。

つまり、なぜ今、職場でのハラスメントが、和製英語で「パワーハラスメント」と命名されてまで問題にされなければならないのかということである。その意味で、本書では、「今」ということと「職場」ということに徹底してこだわりながら考えてみることにする。

1　なぜ、「今」なのか

社会問題化してきたパワーハラスメント

パワーハラスメントとは、バブル経済崩壊後の平成不況期に起こったリストラ問題をきっかけに言われはじめた言葉ではあるが、最近いっそう注目されるようになってきた。それは、パワハラという言葉で表現せざるをえない社会的事件や出来事がいろいろと起きてきたからである。その最たるものは、裁判をめぐる動きである。いわゆる「職場いじめ」が裁判で注目を浴び、上司の叱責によるうつ病自殺が労働災害に認定されるという事件が世間にショックを与えた。子どもの社会ならいざ知らず、大人の社会でも職場いじめがあり、しかもその結果、自殺に追い込まれるというような悲劇が相次いで、裁判が起こされた。そして、職場いじめだけでなく、上司の厳しい叱責やクライアント（顧客や取引先）からのクレームなどを契機に心身症になったことによる損害賠償の裁判も起きるようになった。

こうした裁判では、職場いじめに対処しなかった企業が責任を追及され、うつから自殺に至ったケースなどでは、企業の職場環境配慮義務が問題にされた。これまでであれば、上司が部下を厳しく叱責することは当たり前であり、職場ではよくあることとされてきた。

しかし、職場での人間関係が従来とは変わってしまった今日、行き過ぎた叱責やいじめも労働災害になる可能性があるという認識をもたざるをえない状況が生じてきたのである。特に、上司の叱責による労働災害の認定は、その後の労働災害認定基準の見直しにつながっていった。つまり、これまではさほど気にするようなことでもなかった出来事であっても、今日の職場状況のなかでは、それが心理的負担となることがあり、労働災害と認定されることもあるという問題が生じているのである。

具体的には、労働災害認定のための「職場における心理的負荷評価表の見直し」が厚生労働省の検討会で進められ、仕事のストレスが原因でうつ病や自殺に追い込まれたとして労働災害の申請があった場合の認定基準が、二〇〇九年三月、一〇年ぶりに見直されることになった。

仕事のストレスが原因でうつ病や自殺に追い込まれたとして労働災害の申請があった場合、これまでであれば「勤務時間が長くなった」「配置転換があった」などの三一項目でストレスの強さを判定して、労働災害であるかどうかを判断していた。しかし、こうした項目だけでは今日のストレス状況を十分に判定することができないとして、これまでの判断基準が見直されることになったのである。言い換えれば、リストラなどによる人員削減が進み、成果主義の導入が進む職場のストレス評価に、果たしてこれまでの評価基準がふさわしいかどうかが問題になってきたということである。

見直しでは、最も強いストレスに「ひどい嫌がらせ、いじめ、又は暴行を受けた」という項目が新たに加わり、中度のストレスでも「達成困難なノルマが課された」「複数名で担当していた業務を一人で担当するようになった」などの一二項目が新たに加わった。さらに、「顧客とのトラブル」などの項目は、これまでよりも負荷評価が高められることになった。

なぜ、「今」なのか

なぜ、「今」なのかという問いの背景には、「これまではあまり問題にならなかったのになぜ?」とか「これまでの叱責とは、何がどのように違うのか」などという共通の疑念がある。特に自らが再三厳しい指導を受けてきた経験を重ね合わせる管理職層には、その思いが強い。

これまでは「バカ野郎」「コノ野郎」は当たり前で、時には「辞めてしまえ」とか「役立たず」という罵声《ばせい》も職場で飛んでいた。それが、なぜ自分たちが指導する立場になった今、問題になるのかという疑問であり、不満でもある。

自分たちはそうして指導を受けてきたのに、自分たちが指導する立場になった途端にパワハラなどと言われて戸惑っているということなのであろう。そしてその反発が、時には「今時の若い連中は軟弱だ」とか「打たれ弱い」とか「甘ったれている」などという言い方にもなる。

そのレベルで済んでいれば、従来も繰り返されてきた世代論の範囲内のことであり、年配者の愚痴《ぐち》の典型的なパターンの一つとも言える。しかし、そのレベルを超えてメンタルヘルス不全を起こしたり、突然退職する人が出てくるなど、職場の大きなトラブルになると話は別である。

つまり、これまでよく見慣れた職場の風景の一つであるうちはいいのだが、パワハラは、それを超える、もしくはそうした範囲に収まりきらない事象になりはじめているのだと言ってもいい。

前述の「職場における心理的負荷評価表の見直し」を行った検討会も、その報告書で見直しの必要性について、こう記している。

「近時の精神障害等に係る労災請求件数の増加と相まって、業務による様々な心理的負荷を受けたとして労災請求に至るケースが増加しており、個別事例において、職場環境の多様化等による、業務の集中化による心理的負荷、職場でのひどいいじめによる心理的負荷など、新たな心理的負荷が生ずる事案が認識されている現状にある。

判断指針における職場における心理的負荷評価表は、これら新たに生じる出来事を含め、社会の変化等に応じ、適切に客観的に評価することができることが望ましい」(傍点引用者)

職場環境の変化

さて、そこで問題にしなければならないことは、報告書で「職場環境の多様化」と言われている職場環境の変化とは、一体どのようなものなのかということである。確かに時代の変化に伴う個々人の意識の変化と職場は無関係ではありえない。社会の変化の影響を受けて職場も変化するのは当然である。

しかし、労働災害の認定基準の見直しが一〇年ぶりに必要になるほどの職場の変化ということになれば、ただごとではない。ここで問題にしようとしていることは、まさに職場に起きているこうした変化である。

職場の人たちが突然、個人個人で変化を起こして、それが理由で職場がおかしくなるなどとは考えにくい。個々人の意識変化はともかく、職場で起きている人間関係の変化は、やはり一義的にはその背景となっているであろう職場環境の変化に求めることが順当である。

また一つひとつの事件に目をこらしてみると、そうした変化こそがパワハラの原因であることが分かる。たとえば、パート、アルバイト、派遣、契約社員といった非正規雇用労働者の多い職場では、そうした人たちに向けて集中的にパワハラが起きる。さらにリストラが至上命令となっている職場では、リストラ要員とされる人たちに向けられたパワハラが問題になる。

そうした目に見える職場環境の変化がなくても、成果主義や業績主義を強める職場では仕事のスピードが上がり、ミスに厳しいことから生じるトラブルが増える。また、そこに生み出される過度な競争意識は、職場の協調性を失わせ、相互の足の引っ張り合いでパワハラが表面化する。

いずれにせよ、パワハラは、こうした職場環境の変化から生み出される職場の人間関係の悪化の結果であることは間違いない。つまり、近年の職場環境の変化が個々の人間関係に変化をもたらし、それが原因でパワハラと言われる事象が多発しはじめているのである。

そうであるとすれば、職場の人間関係を悪化させている原因を探らなければ、有効に対処することはできない。さらに言えば、行為者、被害者だけに注目して個別の特性をいろいろとあげつらってみても、有効な対処法は出てこないということになる。言い換えれば、パワハラを個人的な問題としてとらえて、特殊個人的な事情によって起こされるものととらえるかぎり、その本質は見えてこないということである。

その意味では、パワハラが個人の問題として扱われる時代から、職場の問題として扱われる時代へという変革期に入ったとも言える。

2　パワーハラスメントとは何か

定義をめぐって

パワーハラスメントという言葉は和製英語であり、いまだ法律的な定義があるわけではない。しかし、広くその言葉が流布《るふ》することで、「仕事上の立場を使ったいじめ」というような共通の理解が生まれてきている。

いくつかの定義も試みられているが、ここでは「職場のハラスメント研究所」(筆者が二〇〇八年に設立)の定義に従って、問題を整理しておこう。その定義は次のようなものである。

職場において、地位や人間関係で弱い立場の相手に対して、繰り返し精神的又は身体的苦痛を与えることにより、結果として働く人たちの権利を侵害し、職場環境を悪化させる行為。

ほかにも様々な立場から定義が試みられているが、その意図するところや概念に大きな違いはない。そこで、こうした定義について、簡単に解説しておくことにする。

まず冒頭の「職場」については、すでに触れたように、このハラスメントが職場という場面での出来事に焦点を当てるものであることを言う。つまり、通常の仕事を遂行する場所であり、セクシュアルハラスメントの場合と同様に、狭い意味でなく、仕事をする場所であれば、取引先の事業所であれ、顧客の自宅であれ該当する。また、職場での仕事時間は通常、午前九時～午後五時とイメージされがちだが、残業時間帯はもちろん、仕事の延長線上とみなされるような宴会や社員旅行といった場面も、この職場概念のなかに含まれる。

次に「地位や人間関係で弱い立場の相手に対して」というのは、職場の力関係が背景になって起きることを指している。つまり、相手に対して相対的に優位な立場や地位を利用して、言い換えれば相手が逆らうことができない状況を利用して起こされるということである。したがって、職責や肩書だけでなく、同僚ではあっても実質的に力関係が存在する場合にも該当する。

「繰り返し精神的又は身体的苦痛を与えること」は、文字通り相手に恐怖感を与えたり、相手の地位を脅かす言動で、「繰り返し」とあるように、その言動が一回限りのものでなく、執拗に繰り返されることが基本である。しかし、たとえ一回限りでも、相手に与える衝撃の大きさによっては対象となる。また、こうした言動がしばしば「指導・教育」の名のもとで業務命令として行われることから、そうした言動が業務上の必要性に基づく「合理的な業務命令の範囲内のものかどうか」という判断も必要となる。つまり、業務の上での合理性や、必要性のない命令を繰り返せばパワハラとなる。

「働く人たちの権利を侵害し」は、まさにそうした言動で相手の人権や名誉を傷つける行為ということである。相手へのいわれのない誹謗《ひぼう》中傷はもちろん、たとえ仕事上ではあっても、相手の人格にまで及ぶ叱責や、個人的な事情への踏み込んだ非難など許されないことは言うまでもない。まして、仕事とは関係のないプライベートな問題を持ち出したり、個人的な性癖などをあげつらうやり方も問題になる。

「職場環境を悪化させる」とは、一般的には働く人にとって不快な職場環境となり、仕事上の能力を発揮することが難しくなるなど、仕事を続けていく上での支障が生じていることを言う。

諸外国の動き

現在起きている事件を見ていると、それぞれがきわめて日本的な問題であり、日本の職場特有のもののように思われるかもしれないが、必ずしもそうではなく、世界中で問題になっていることに驚かされる。まさにパワハラはグローバルな社会問題だと言ってもいい。

ヨーロッパ諸国では、一九九〇年代から問題が顕在化しており、二〇〇一年にEU（欧州連合）議会が、「職場におけるいじめに関する決議」を出して、加盟諸国に調査や予防策の検討を訴えている。

こうした背景から、たとえばフランスでは解雇規制が厳しく、解雇が困難であることを理由に、労働者に自主的な退職を迫る行為が頻発し、二〇〇〇年頃から検討されていた労使関係近代化法でパワハラの法規制が行われている。フランスでは、すでに日本でも広く紹介されているモラルハラスメント（harcèlement moral）という言葉で、精神的な暴力も問題とされている。

同じ二〇〇〇年のドイツ労働総同盟（DGB）の調査によれば、約一五〇万人のパワハラ被害経験者がいると報告されている。また、二〇〇二年にドイツ連邦経済・労働省の発表した「いじめ問題の報告書」でも、労働者の九人に一人は被害にあっていると報告されている。なお、ドイツなどでは主にモビング(mobbing)という呼称で、組織内における集団的ないやがらせが話題となっている。

イギリスや北米も例外ではない。カナダのケベック州では、二〇〇四年にサイコロジカルハラスメント条項が「労働基準に関する法律」に盛り込まれ、イギリスでは、ブリング(bullying)という言葉でいじめが問題になっている。

このように、ドイツ、フランス、カナダなど法律がすでに制定されている国もあり、海外での先行的な研究も多い。もちろん、あらためて言うまでもなく、組織や風土に違いがあることから、それぞれの国によって問題のとらえ方も違うし、防止に向けた考え方、取り組みにも当然違いがある。

しかし、こうした事象が独り日本だけではなく国際的に問題となっており、共通の時代背景のなかで起こっているのは興味深い。

激増の背景

日本でパワーハラスメントという言葉が社会的なテーマとなったきっかけは、すでに述べてきたように平成不況であり、厳しい経済情勢が企業にリストラを余儀なくさせ、そうしたリストラのからみで大きな話題となってきたと言ってもいいだろう。

つまり、典型的なリストラ策として人員整理などを行い続けた企業が、様々な退職強要策を取りはじめたことがきっかけとなったのである。なかでも組織的な退職強要は人権侵害行為であり、後にパワハラと呼ばれ、注目されるようになった。

リストラは当初、比較的穏やかな手段での企業再建策を指していたが、不況が深刻さを増すにつれ、そうしたゆるやかな手段から、強引なものへと変化しはじめた。企業を維持するための人員削減が深刻化し、強引な手段が取られはじめたのである。

その典型が、退職強要であり、特に「不採算社員」のレッテルを貼られた中高年労働者のリストラがいろいろと問題になった。まさに働き盛りであり、妻子を養う責任を負った中高年がクビになるという悲劇が、マスコミでも大きく取り上げられた。

こうした中高年の悲劇という側面もさることながら、退職強要の手段の非情さも大きな問題となった。追いつめられた企業は、肩たたきから降格、左遷、果ては隔離部屋などで自主的な退職を迫った。人員整理などで越えなければならない法律のハードルを回避するため、「自ら辞める」状況を作り出す強引な手法が取られるようになったのだ。

つまり、解雇予告手当や退職金の割り増しなどを条件にして退職を誘導するようなやり方では経費がかかりすぎることから、自ら辞めるように仕向けるという手法が取られはじめたのである。労働者が自分の意思で自ら退職するのであれば法律の規制が及ばないことを利用して、いやがらせをすることで労働者が自ら辞めるように仕向けることがリストラ策の代名詞になっていった。

ひたすら会社に尽くすことで「社畜」とまで言われた働き盛りの中高年が、自ら退職を選ばざるをえない悲劇は、大きな社会問題としてますます注目を集めた。こうした退職を強要する非情なやり方が「パワーハラスメント」という言葉を得て、マスコミで喧伝《けんでん》されるようになったのである。

いずれにせよ、いわゆるリストラが労働問題としてクローズアップされるにつれ、行政を中心とする労働相談窓口にパワハラを訴える事例が激増していった。その後、リストラが一段落しても、職場におけるパワハラの相談は一向に減少することはなかった。

むしろ、言葉を得たことによって、職場でのいじめをはじめとするパワハラの相談は年々増加し、もはや労働相談の一大テーマとして定着したかのごとき様相を呈してきたのである。

パワハラという言葉が一般化しはじめたことが、その訴えの広がりの背景にあることは間違いない。しかし、訴えの異常とも言える増加は、そのことだけで済まされない大きな理由の存在を感じさせる。

それは、職場の人間関係が明らかに変化し、職場のコミュニケーション不全状況がいたるところで起きはじめているのではないかという実感からくるものである。

そこで次に、東京都の労働相談のなかから、パワハラの実情と特徴を見てみることにする。

3　激増するパワーハラスメント相談

パワーハラスメントの労働相談件数が急増

東京都は、パワハラに注目して、すでに一九九五（平成七）年度から、「職場において、地位や人間関係で弱い立場の労働者に対して、精神的又は身体的な苦痛を与えることにより、結果として労働者の働く権利を侵害し、職場環境を悪化させる行為」という定義のもとで労働相談を受けてきている。

相談件数は年々増加の一途を辿《たど》ってきたが、二〇〇八（平成二〇）年度は表（次ページ）に見られるように、六〇〇〇件近い相談が寄せられている。

東京都のパワハラの相談件数は、すでに労働相談全体の一割を超えるまでになっており、その急激な増加ぶりは他の相談項目には見られない特徴となっている。また、他の労働相談窓口でも同様の傾向が見られ、厚生労働省の個別労使紛争解決制度に基づいて、一九九二（平成四）年度に開設された都道府県の窓口である総合労働相談コーナーにも、やはり相談全体の一割近くを占める「パワハラやいじめ・嫌がらせ」相談が寄せられている。

さて、このように激増してきたパワハラ相談であるが、労働相談窓口に寄せられる相談の内容に注目すると、近年の職場環境の変化から生じた、いくつかの顕著な特徴が見られる。以下では、パワハラ相談の特徴について見ていくことにする。

表　年度別職場のいじめ相談件数「相談・あっせんのまとめ」(東京都産業労働局)

年度	2002 (平成 14)	2003 (平成 15)	2004 (平成 16)	2005 (平成 17)	2006 (平成 18)	2007 (平成 19)	2008 (平成 20)
件数	3,160	2,852	4,012	4,916	4,277	5,285	5,960

特徴的な傾向

パワハラ相談の特徴として真っ先にとりあげなければならない第一は、すでに触れてきたように、なんと言っても、パワハラが社会問題化するきっかけにもなったリストラがらみのいじめである。中高年の解雇や退職強要というようないじめの横行がパワハラの一つの大きな流れとなっている。

第二は、仕事や組織の変化、ジェネレーションギャップなどで職場の人間関係そのものが難しくなり、上司と部下、同僚同士などの距離の取り方やコミュニケーションの難しさが原因となっているものである。コミュニケーションの成り立ちにくい職場には、「他人は他人、オレはオレ」という価値観がはびこり、結果として生み出される志気の落ちた職場は、人間関係をいっそう難しいものにする。こうした職場では、一見些細と思われることで「さざなみ」が立ちはじめ、それが何かのきっかけでパワハラ問題に発展する。

第三は、雇用関係の多様化を背景とした人間関係の希薄化により起こされるものである。非正規雇用労働者の広がり、つまりパートや派遣、契約社員に加えて、アルバイト、またフリーターなどと呼ばれる働き方の多様化は、労働条件の違いからモチベーションの差を生み出すことになりがちである。それぞれの働き方から仕事意欲の違いが生み出され、職場での仕事の進め方などで価値観が対立しやすくなる。こうした職場でのすれ違いから、時としてキレてしまう人が現れ、暴力的ないじめが頻発する職場を出現させる。

第四は、第一に挙げた特徴とも重なるが、もう少し広く職場の労働強化全般に関連するものである。希望退職や配転、そしてノルマ強化などといった、リストラがらみではあるが、裾野が広く、必ずしもリストラという分類でくくりきれない、全般的な労働強化という形で現れるものである。

第五は、能力主義、成果主義といった、これまでとは様相の異なる労務管理や激変する職場環境をめぐるものである。能力主義や成果主義による職場の人間関係の変化とは、一言で言えば、従業員間の競争の激化であり、そうした無秩序な競争の行き過ぎなどによって起こされる人間関係のきしみである。

第六には、女性の社会進出に戸惑う男性中心的な社会意識のゆらぎや反発がある。データ上、依然として一番多いのがこれである。男性中心の職場に女性が入ってきたことによる男たちの戸惑いや反感が生み出す、セクハラなどを典型とする様々なパワハラである。

第七には、集団差別型がある。集団が異質な人たちを受け入れずに排除しようとするいじめという古典的なものだが、依然としてなくならない。会社の方針とは違う意見を主張したり、全体の意向とは違う考え方をもつことで対立関係が生まれるようなケースである。従来は、労働組合の活動家や少数女性に向けられることが多かったが、最近ではこうしたものよりも、「空気が読めない」(KY)など、集団行動になじめない人たちに向けられるものが多い。

最後に、教育指導型と言える、指導や教育に共通に現れるパワハラがある。大学などでは特にアカデミックハラスメント(アカハラ)と呼ばれているように、指導教育の場でのパワハラは多い。こうしたパワハラは、時には熱血指導などと言われ、これまでは「相手のためを思ってしたこと」と許容されてきた。しかし、「かわいがり」などと言われて許容されてきた相撲界での行き過ぎた指導と同じように、教育の名のもとで行われる行き過ぎが、パワハラとして問題化しはじめている。

どんなことが起きているのか

さて、これまでパワハラ相談の特徴を見てきたが、ここでは事例をタイプ別に分類して、その現実をより具体的に見ていく(カッコ内は業種・企業規模・性別)。

①リストラ型——解雇せずに自主的な退職に追い込む

事例　仕事を取り上げられ、トイレ掃除や雑用だけやらされる。

組織再編を口実に、自宅から二時間半もかかる支店に配転されて仕事も与えられない。「具体的な仕事はそのうち決める。それまではトイレや階段の掃除、そして雑用をしているように」と言われて三か月も経っている。

(小売業・九〇人・女性)

事例　降格配転で、精神的に追い込まれて情緒不安になった。

経営難打開策の検討会議で企画を批判され、自信を無くしていた。その後、「いやなら辞めてもいいんだぞ」と言われて、降格配転されてしまった。そのうち食欲不振などの身体症状が出てきて、睡眠薬を常用、精神安定剤も投与されるようになっている。

（設計会社・一五〇人・男性）

②職場環境型——閉鎖的な職場

事例　毎日仕事中に怒鳴られ、自律神経失調症になった。

上司から「オマエ」呼ばわりされて怒鳴られたり、「仕事がのろい」などと怒鳴られてばかりいる。部長に直訴したが、かえって状況が悪化して、最近は「やる気がないのか。それなら仕事はいいから帰れ」とまで言われる。そのため、自分の感情がコントロールできなくなっている。

（小売業・三五〇人・男性）

事例　時間外のつき合いまで強要され、拒否したらいじめにあっている。

エックス線の技師として働いているが、職場のリーダーがすべてを仕切っている。仕事上の指示は仕方がないと思うが、私用で買い物に行かされたり、夜の飲み会などにも半ば参加を強要される。都合が悪く参加しないと、仕事上露骨に差別的扱いを受ける。

（病院・四〇〇人・男性）

③人間関係型――希薄な人間関係における摩擦

事例　仕事のやり方で店長と口論になって賃金の支払いを拒否された。

店長は感情の起伏の激しい性格で、日頃から些細なことで激昂《げっこう》する。自分はその度にビールビンを投げつけられたり、皿をぶつけられたりしていた。あまりひどいので、辞めることにしたら「ロクに仕事もせずに、勝手に辞めるやつに払う金はない」と言われている。

（飲食店・一〇人・女性）

事例　真面目に仕事をしたことで、職場から浮いてしまい、いじめにあっている。

調理関係の仕事をしているが、トイレに入っても手を洗わない人や、床に落とした食材を知らぬ顔でそのまま使う人がいて我慢ができない。そのことで苦情を言ったら、「どうせ食べるのはボケ老人だから、いいんだ」と言い返されてしまった。何につけても皆いい加減で、自分は性格的に几帳面《きちょうめん》な仕事しかできないことから職場で浮いてしまって、いじめにあっている。

（老人ケア施設・五〇〇人・女性）

④労働強化型――仕事中心主義の職場

事例　納期に追われ、少しでもミスをすると見せしめ的な懲罰をされる。

流れ作業で工作機械の組み立てをしているが、誰かがミスをするとコンベアが止まり、作業が停滞してしまう。納期が迫ってきて、ミスが多くなるとサービス残業をしなければならない。ミスの多い者は、全員に土下座して謝罪させられる。

（製造業・五五人・男性）

事例　グループで仕事の遅れが許されず、遅れの責任を取らされる。弁当屋で総菜作りをしているが、グループ作業のため個人の遅れが全体に影響する。作業の遅い人はリーダーに怒鳴られるため、緊張して余計に遅れる。リーダーに指名された人は「責任」と称して休み時間に一人で全体の作業をさせられる。

（仕出し業・四六人・女性）

⑤過剰競争型——ノルマや成果を問われる競争的な職場

事例　少しでも成績が落ちると「能力がない」と責められる。訪問軒数が多く、飛び込みセールスもあるために成績が月によってムラがある。前月比で成績が落ち込むと、月例会で「やる気がない」「能力がない」などと上司に責められる。上司も班のノルマを課せられているので、立場は分かるが、酷すぎると思う。

（リフォームセールス・八七人・男性）

事例　上司の低い評価で、賞与が大幅に減額されてしまった。自分で提出した目標を、上司が「低すぎる」と勝手に高めに設定し直した。予想どおりの結果だったため、「やはり設定が無理でした」と言うと、「キミの努力が足りなかった」と、低い評価を受けてボーナスが半額になってしまった。実績は昨年より上がっているのに、納得できない。

（証券会社・一八〇人・女性）

⑥セクハラ型——女性に対して差別的な職場

事例　性的なからかいや、誘いが日常化していて、抗議しても逆にからかわれる。男性中心の職場で、性的な会話は挨拶代わりになっている。それは我慢しているが、身体に触られるのは不快なので抗議すると、かえってエスカレートさせてしまう。

（自動車販売・二五〇人・女性）

事例　上司から執拗なセクハラを受けているが、会社は見て見ぬ振りをする。「セクハラなど気にしていたら仕事にならない」などと平気で言う部長から、耐えられないセクハラを受けている。会社に相談しても、「アイツだけは仕方がない。仕事ができる奴だから、我慢しろ」などと言われる。

（情報サービス・五五〇人・女性）

⑦集団差別型——いわゆる集団的な職場いじめ

事例　不正の指摘でいじめが始まった。仕事を進める上で、コンプライアンス（法令遵守）の点から見過ごせないことを指摘したところ、「この会社の社風に合わない」「あいつは危険人物だ」として、周囲が非協力的になり、最近は口もきいてくれない。

（食品関係・八〇〇人・男性）

事例　労働条件への苦情からいじめが始まった。労働条件についての苦情を言ったところ、園長が逆ギレして、周囲に「あいつは反抗的だ」「自己中心なヤツだ」と言われて、仲間はずれにされている。周囲は内心では同情的だが、園長の側についている。

（保育園・二〇人・女性）

⑧**教育指導型——指導・教育に名を借りたいじめ**

事例　研修での態度が「生意気だ」と言われ、無視されている。

研修で講師に「わかったか」と言われて、「わかりにくいところがあるんですが、「わかったか」と言われると質問ができません」と正直に言ったら、「生意気だ」と無視されている。

（証券会社・七〇〇人・男性）

事例　仕事で改善案を出したら嫌われてしまった。

仕事の見直し議論のなかで、日ごろの問題意識と改善案について述べたところ、上司への非難と受け止められて、「お前は、以前からそんなことを考えて仕事をしていたのか」となじられ、「それなら好きなようにやればいい」と、教えてもらえずに突き放されている。

（薬品製造販売会社・一〇〇人・男性）

4　問われる職場環境

パワーハラスメントが労働相談に持ち込まれるだけではなく、裁判の場で争われることも多くなってきた。そこで、いくつか典型的なケースについて見ておくことにする。

職場いじめの放置で使用者責任が問われる

①K市水道局損害賠償請求事件（横浜地裁川崎支部判決　二〇〇二・六・二七）

〔概要〕　K市水道局工業用水課に勤務していたAに対して、上司である工事用水課長らが「なんであんなのがここに来たんだよ」とか、当時社会問題化していたオウム真理教問題にからめて「むくみ麻原」「ハルマゲドンが来た」などの言葉を執拗に繰り返して、Aを精神的に追い詰める職場いじめを行った。欠勤がちになっていたAが職場の合同旅行会に参加した際、主査からナイフをちらつかせた脅しを受けた。しかし、周囲にいた課長や係長もこれを制止することなく、むしろ同調して大声で笑うなどしたため、Aはさらに精神的・肉体的に追い詰められて自殺した。遺族は損害賠償を求めてK市を提訴。

この職場いじめの事件で、裁判所は「一般的に、市は市職員の管理者的立場に立ち、そのような地位にあるものとして、職務行為から生じる一切の危険から職員を保護すべき責務を負うものというべきである」として、いわゆる職場いじめによって精神障害が生じたとし、自殺した職員に対して、市の安全配慮義務違反を認めた。

判決では、自殺の契機は、本人の資質、心因的要素を認めた上で逸失利益《いっしつ》、遺族としての慰謝料、弁護士費用の合計として約一一七三万円の損害賠償の支払いを認めた。また、市には職員に対する安全配慮義務があるのだから、「工業用水課長は、主査等によるいじめを制止するとともに、Aに自ら謝罪し、主査らにも謝罪させるなどしてその精神的負荷を和らげるなど適切な措置をとり、職員課に報告して指導を受けるべきであった」とした。

しかし現実には、工業用水課長は係長および主査によるいじめを制止しないばかりか、これに同調していた。それどころか、職員課長から調査を命じられても、いじめの事実がなかったと報告し、これを否定する態度を取り続け、Aに謝罪することも、主査に謝罪させることもなかった。Aの訴えを聞いた職員課長は、ただちにいじめの事実の有無を積極的に調査し、速《すみ》やかに善後策を講じるべきであったのにこれを怠り、Aに対する安全配慮義務を怠った。これら一連の対応が市の安全配慮義務違反だと判断されている。

②K共済病院事件（さいたま地裁判決　二〇〇四・九・二四）

〔概要〕　准看護師として勤務しながら看護学校に通っていたBが、病院の物品設備部門責任者の先輩から、日常的に個人的な使い走りをさせられるなどのいじめを受けて自殺した。仕事上でも残業を強要され、仕事のミスで「何やっているんだよ。お前がだめだから俺が苦労するんだよ」などと言われ、「死ねよ」「お前のアフターは俺らのためにある」「殺す」などと言われ続けた。

Bに対するいじめは三年以上も続いており、病院はいじめの事実を認識していながら、防止する措置を取らなかったという両親の訴えに、さいたま地裁はいじめの実態を認定した。そして、不法行為の成立、安全配慮義務違反を認め、総額一五〇〇万円の支払いを命じた。

二一歳の男性准看護師が先輩看護師から陰湿ないじめを受け続けて自殺したケースで、病院がいじめ防止措置を怠ったとして安全配慮義務違反の責任を問われた。さいたま地裁は、病院にはいじめ行為を防止し、職員の生命・身体を危険から保護する安全配慮義務があるとした上で、いじめが原因で自殺したという因果関係を認めた。そして、一般論としては、いじめが必ずしも自殺に結びつくものではないが、自殺することが予見されるようなケースでは、使用者側は死亡の結果について責任を負うとした。その上でこの事件では、いじめと自殺による死亡についての予見可能性は否定しているが、いじめとそれを防止できなかったことによってBの被った損害については、病院の責任を肯定した。

職場での暴力で損害賠償が認められる

①Yカメラ事件（東京高裁判決 二〇〇六・三・八）

〔**概要**〕 派遣会社から派遣されて携帯電話販売に従事していた派遣店員Cが、教育期間中に販売促進用のポスターを丸めた紙筒やクリップボードで殴打されたり、仕事上のトラブルの謝罪中に大腿部を蹴られたりした。また、遅刻をごまかしたことや出社しなかったことをとがめられ、手拳での殴打やひざ蹴り、頭部への暴行などを約三〇回受けた。さらに、Cが出社しないことに腹を立てた社員が自宅まで押し掛けて、母親の眼前で暴力を振るって、母親が心身症になるなどした。裁判所は、派遣先会社自体の責任までは認めなかったが、暴力を振るった社員と会社に連帯責任として一〇万円の損害賠償の責任を認めた。

また、母親も心身症となり、仕事ができなくなったとして訴えていた。その訴えに対して、母親の眼前で暴力が振るわれたことや、これによって受けた傷害の重篤性から、母親に対する権利侵害行為にも当たるとして逸失利益が認められている。

職場での衝動的な暴力事件から裁判が起こされるケースが目立ってきている。仕事が増え、スピードが上がり、ミスに厳しい職場が増えるなかで、些細な出来事が暴力事件に発展するようなケースが目につく。そんな事例の一つである。

この事件のあった家電量販店の労働実態については、労働者派遣法で禁じられているいわゆる二重派遣による働かせ方であったとして、厚生労働省職業安定局は後に文書指導を行っている。このことから分かるように、雇用関係が重層化して、そこで働く人たちの雇用関係が錯綜している問題の多い職場であった。

派遣に限らず、パート、アルバイト、契約社員など様々な雇用形態の人たちが一緒に働く職場では、それぞれのモチベーションや責任感が違うことから、働き方をめぐるトラブルが起きやすい。その上、コミュニケーションが難しいことが、さらにトラブルを誘発しやすくする。

その意味で、事件の起きた店舗は、雇用形態の多様化が進む現代の典型的な職場であり、職場のコミュニケーション不足から起きたパワハラの、まさに典型的な事件と言える。

②**F店舗事件**（名古屋高裁判決 二〇〇八・一・二九）

〔**概要**〕　F店に店長代理として勤務していたDが、従業員の連絡事項などを記載する「店舗運営日誌」に「店長へ」として店長の仕事上の不備を記入し、「どういうことですか？　反省してください」などと書き添えた。これを見た店長は、Dを休憩室に呼びつけ、問いただした。その際のDの対応に激昂した店長は、Dの背部を板壁に三回ほど打ち付け、顔面に一回頭突きを加えた。Dは救急車で病院に搬送され、頭部外傷、髄液鼻漏疑との診断を受け、経過観察のため入院した。その後、労働災害の扱いをめぐって、Dは同社従業員から「ぶち殺そうかお前」などの暴言を吐かれるなど不当な対応をされたため、心的外傷後ストレス障害（PTSD）に罹患《りかん》したと主張して、店長ならびに会社に対して不法行為による損害賠償を求めた。

部下と上司の、一見些細と思われるようなコミュニケーショントラブルが暴力事件に発展して、その後の対応がさらに問題を拡大させていったケースである。被害者が受けた暴力、さらにはその後の会社の不適切な対応を契機として、予想を超えた事態へと発展してしまった。

暴力事件やその後の従業員の対応によって妄想性障害を発症し、その後、九年にも及ぶ休業を余儀なくされたとのDの主張に、判決は、「本件事件後の被控訴人らの対応に対する不満等の心理的要因によって、就労困難な状況が約九年間も継続していることが通常生じる損害であるとして、その責任をすべて被控訴人らが負担すべきであるとするのは公平を失している」などとしながらも、暴力事件がDの妄想性障害発症の発端となっており、その後の従業員の暴言や労働災害手続きの折衝状況が大きな影響を及ぼすことになっていることは否定できないので、Dの障害と発言などには因果関係があるとして損害賠償の支払いを認めている。

厳しい叱責が労働災害と認められる

①N化学労災保険不支給決定取消請求事件（東京地裁判決　二〇〇七・一〇・一五）

〔**概要**〕　医薬品の製造、販売を業とするN社で働いていたEが、上司から「お前は給料泥棒だ」などと言われ続けて自殺した。Eの勤務していた営業所はN社内での営業成績が低いため、体質改善を目的に係長が派遣された。その係長の部下Eへの暴言が、自殺の引き金になったかどうかが争われた裁判である。

上司はEの日ごろの勤務態度について、営業担当者でありながら、背広に汗がにじんでいるのに替えない、フケが付いている、喫煙による口臭がするなどと注意を繰り返し、「家族はなぜ気づかないのか」などと言うこともあった。

またEの仕事ぶりについても「おまえ、対人恐怖症やろ」「病院を訪問せずに給料を取るのは給料泥棒だ」「病院を回っていないならばガソリンが無駄だ」「病院の回り方が分からないのか。何年回っているんだ。そんなことまで言わなければならないのか。勘弁してよ」などと叱責した。

うつ状態となったEは、「存在が目障りだ。居るだけでみんなが迷惑している。お前のカミさんも気が知れん。お願いだから消えてくれ」「どこへ飛ばされようと俺はEは仕事をしない奴だと言いふらしたる」「誰かがやってくれるだろうと思っているから、何にもこたえていないし、顔色ひとつ変わっていない」など、上司から言われたことを遺書に書き残して自殺した。

職場で上司などから、「熱血指導」と称して厳しい叱責を受けたことから精神的なダメージを受け、問題が起こるケースが増えてきている。さらに深刻なのは、上司からのパワハラを受けて、精神的に追い込まれて自殺するという最悪のケースである。こうした自殺を労働災害と認定する裁判所も増えている。

この事件は、そうした自殺に追い込まれたとする事件のリーディングケースとなった。判決で東京地裁は、「一般に、企業等の労働者が、上司との間で意見の相違等により軋轢《あつれき》を生じる場合があることは、組織体である企業等において避け難いものである。……上司とのトラブルに伴う心理的負荷が、企業等において一般的に生じ得る程度のものである限り、社会通念上客観的にみて精神障害を発症させる程度に過重であるとは認められないものである。しかしながら、そのトラブルの内容が、上記の通常予定されるような範疇《はんちゅう》を超えるものである場合には、従業員に精神障害を発症させる程度に過重であると評価されるのは当然である」として、自殺と暴言との因果関係を認めた。

さらに、「以上に検討したところによれば、係長のEに対する態度によるEの心理的負荷は、人生においてまれに経験することもある程度に強度のものということができ、一般人を基準として、社会通念上、客観的にみて、精神障害を発症させる程度に過重なものと評価するのが相当である」として、係長の対応が自殺の原因となっていることを認めている。そして、その上で、「精神障害を発症し、それに罹患《りかん》していると認められる者が自殺を図った場合には、自殺時点において正常な認識、行為選択能力及び抑制力が著しく阻害されていなかったと認められるとか、業務以外のストレス要因の内容等から自殺が業務に起因する精神障害の症状の蓋然《がいぜん》的な結果とは認め難いなどといった特段の事情が認められない限りは、原則として、業務起因性を認めるのが相当である」として、損害賠償を認めている。

②C電力労災保険不支給決定取消請求事件（名古屋高裁　二〇〇七・一〇・三一）

〔**概要**〕　C電力に勤務していたFが、主任昇進後、業務量が量的にも質的にも増えていたなか、上司である課長から「主任失格」「お前なんか、いてもいなくても同じだ」などと言われ続け、結婚指輪をしていることが集中力を欠く原因とされ、何度も「はずせ」と言われたことが原因で、うつ病となり自殺した。

判決は、「Fに対してのみ、……死亡の前週の複数回にわたって、結婚指輪をはずすよう命じていたと認められる。これらは、何ら合理的理由のない、単なる厳しい指導の範疇を超えた、いわゆるパワー・ハラスメントとも評価されるものであり、一般的に相当程度心理的負荷の強い出来事と評価すべきである。……叱責や指輪をはずすよう命じられたことが、一回的なものではなく、主任昇格後からFが死亡する直前まで継続して行われているものと認められることからすると、うつ病発症前、また、死亡直前にFに対し、大きな心理的負荷を与えていたものと認められる」とした。

この事件の判決では、主任昇進後の業務量の量的・質的な過重さと感情的な叱責、「結婚指輪をはずせ」などという合理的理由のない命令を受けて、うつ病を発症して自殺したことが業務上の死亡にあたるとされている。

上司の課長は、周囲から好き嫌いで指導に差があると評価されていた。この事件でも、「主任失格」あるいは「お前なんかいてもいなくても同じだ」などという発言は、指導の範囲を超えた感情的な叱責で、しかも周囲に聞こえるように行われており、判決では人格否定の言動だとされている。

また、そもそも結婚指輪をしていることが集中の妨げになると考えること自体が合理性を欠いた命令となるとしている。

③M道路事件（松山地裁判決　二〇〇八・七・一）

〔**概要**〕　土木建築工事の請負を業とするM社の営業所長に就任したGは、就任後、受注高、出来高、原価などに関するデータを操作して不正経理を行ってきた。そのことを発見、指摘され、改善を求められて厳しい指導を受けることになった。新任の所長であり、優秀な社員でもあることから、経歴に傷をつけないようにという配慮から、不正経理の計画的な解消を指示された。

その後の不正経理への対応をめぐって、上司から「現時点ですでに一八〇〇万円の過剰計上の操作をしているのに過剰計上が解消できるのか。できる訳がなかろうが」「会社を辞めれば済むと思っているかもしれないが、辞めても楽にならないぞ」などと叱責される一方で、「無理な数字じゃないから、今年は皆辛抱の年にして返していこうや」などと鼓舞されていた。

しかし、そうした指示の電話などの後には立ち上がれないほどの落ち込みを見せていたGは、遺書を残して自殺した。遺書には「労災にしないでくれ」などと書いてはあったが、妻はうつ病発症の事実などから、自殺はノルマの強要や厳しい叱責の結果だとして労働災害であると訴えた。

過重なノルマ、それを補うための水増し報告、そして、その不正の責任を問われた所長がうつ病を発症し自殺した事件で、松山地裁は、その原因でもある過重なノルマを命じた会社の責任を認め、自殺を労働災害と認定した。

判決では、Gが自殺したのは、「上司から、社会通念上正当と認められる職務上の業務命令の限界を著しく超えた過剰なノルマ達成の強要や叱責を受けたことなどにより、心理的負荷を受けてうつ病を発症し又は増悪《ぞうあく》させたからである」と認めた。

判断の材料として、まずGの死亡から直近六か月間の平均所定外労働時間を六三・九〜七四・二時間と推計し、また認定事実や医師の意見を総合して、Gは遅くとも自殺直前には、うつ病に罹患していたと判断した。その上で、責任追及の叱責が行われた業績検討会に近接した時期に自殺していること、そしてその直前にはうつ病に罹患していることから、不正経理についての上司による叱責がGの死亡という結果を生じさせたと見るのが相当だとしている。

侮蔑的言辞を浴びせられ損害賠償が認められる

S労働基準監督署国家賠償事件（和歌山地裁判決　二〇〇五・九・二〇）

〔概要〕　夫が勤務先でクモ膜下出血を発症した事件の労働災害申請の相談のために訪れた労働基準監督署の窓口で、担当者から、労災申請を断念させる意図で、申請は認められないとする誤った内容の説明をされた上、侮辱的な言葉を浴びせられてうつ状態になったとして、妻Hが損害賠償を求めた。

「そんなことは手続きしてもらってもダメです」「会社から話は聞いていない」など労災申請に否定的な対応を繰り返し、長時間労働の訴えにも「奥さんが知らないだけで、朝、ご主人は会社へ行ってきますと言ってうそをついて、どこか別の所へ遊びに行っていたかも知れませんよ」などと侮辱的な言葉をかけられた。

また、「女だてらに一人でよく来たね。あんたらみたいな人がいるから僕らの仕事が忙しくなる。もう来んといて」などとまで言われ、Hは対人恐怖症となり、日常生活も困難な状態になったとして訴えた。

夫の労災申請の相談のために訪れた労働基準監督署の窓口で、申請拒否にあい、侮辱的言辞を浴びせられ、妻Hがうつ状態に陥った。和歌山地裁は、監督官の言動には違法性が認められ、原告側には相談時の精神的・肉体的ストレスの蓄積、労基署への期待の大きさなどがあり、本件違法行為と原告のうつ病発症との間に相当の因果関係があると認めた。

判決は「労働基準監督署は、労働者等から労災請求を受理した上で、自らその調査及び判断を行う行政機関であるところ、不適切な請求が行われれば、請求者が不利益を受ける場合があるのみならず、労働基準監督署の業務にとっても無駄な負担となりうるものであるから、労災請求を行おうとする者から労災請求に関する問い合わせや手続相談があった場合には、適切な請求が行われるようにするため、必要に応じて手続を教示したり、労災補償制度の趣旨、内容や労災認定の要件、基準等を一般論として説明することは当然行われるべきものである」とした上で、「そのような場合にも、……担当者が相談者に侮辱的言辞をもって対応することや、相談者の判断を誤らせるような誤った内容で説明することは許されないことは言うまでもない」とした。

そして、「うつ病の発症の原因は、原告が精神的、肉体的ストレスを蓄積していたところへ、本件相談における対応によってそれまでの期待感が一気に恐怖感、絶望感に変化した経験にある」とした。

メールによる叱責で名誉毀損が認められる

A保険会社上司事件（東京高裁判決　二〇〇五・四・二〇）

〔**概要**〕　損害保険のサービスセンターに勤務する課長代理Ｉは、センター内で三番目の席次であるにもかかわらず、成績はＣ（七段階評価の下から二番目）と芳しくなかった。日ごろ、リーダーから強い叱咤激励を受けていたが、それでも処理状況は上がらず、第一次評価者である所長も困惑していた。

そこでリーダーは、従業員全員に宛てて、「課長代理、もっと出力を」と題するメールを送信した。所長はこれを見て、ポイントの大きい赤文字で「意欲がない、やる気がないなら、会社を辞めるべきだと思います。当サービスセンターにとっても、会社にとっても損失そのものです。あなたの給料で業務職が何人雇えると思いますか。……これ以上、当サービスセンターに迷惑をかけないで下さい」などと送信した。

この事件で判決は、その目的は是認できるが、メールの内容には退職勧告とも、会社にとって不必要な人間であるとも受け取られるおそれのある表現が盛り込まれ、しかも同じ職場の従業員にも送信されている点に注目している。

その上で、人の気持ちを逆なでする侮辱的言辞と受け止められても仕方がない記載もあり、名誉感情をいたずらに毀損するものであることは明らかであり、送信目的が正当であったとしても、その表現は許容限度を超え、著しく相当性を欠くものであって不法行為を構成すると判断し、慰謝料を認めた。

職場でのコミュニケーションが直接的な会話だけでなく、携帯電話やメールなどに取って代わられるなか、それらによる叱責も問題化しはじめている。この事件は、上司が職場の部下に送信したメールが指導の範囲を超えており、名誉毀損にあたるとして訴えたものである。

会社の行った研修資料に、パワハラとは「他者に対して社会的勢力を利用し、職務と直接関係のない、あるいは適切な範囲を超えた嫌がらせの働きかけをし、それを繰り返すこと。そしてその行為を受けた者が、それをハラスメント（嫌がらせ）と感じたときに成立します」と記載され、その具体例として、「仕事上のミスを注意するのに人格を否定するような発言（罵倒、暴言）がなされる」ことが挙げられていた。

一審（東京地裁）は、訴えられていることはパワハラにも不法行為にも該当しないとした。しかし控訴審（東京高裁）は、「本件メールが、その表現方法において不適切であり、名誉を毀損するものであったとしても……、目的は是認することができるのであって、パワーハラスメントの意図があったとまでは認められない」としてパワハラは否定したが、不法行為（名誉毀損行為）による損害賠償を認めている。

5　パワーハラスメントになる時、ならない時

個人的な問題ではない

これまでパワハラの起きている現実やその背景について見てきたが、ここではその本質と対応策について考えてみたい。職場におけるパワハラは、すでに見てきたように現代に特徴的な職場環境のなかで起こされる問題であり、個人的な問題ではないことをまずはっきりさせておく必要がある。

さらに、共通した特徴として、きわめて深刻な人権侵害となりがちなことも押さえておかなければならない。つまりパワハラは、働く人たちの人権を侵害する言動であり、そのことがきっかけとなって社会問題化しやすい特徴をもっている。

このため、職場におけるパワハラを防止し、発生した問題に適切に対処するには、「些細な個人的な出来事であり、会社が関与することではない」というこれまでの企業の価値観では難しいということである。

従来、この種の問題は「個人的なこと」と考えられ、だからこそ「本人の考えすぎ」や「相手の配慮を欠いた言動」や「不注意な行動」として処理されてきた。また、きわめて限られた人間同士の問題であり、「特殊な加害者や被害者の属性によって起こされるもの」と考えられがちだった。

したがって、その処理も「個人的にするべき」であり、多くの場合に加害者の「個人的な、度の過ぎた言動」とか、被害者本人の「落ち度」と考えられ、「会社の関与せざること」と考えられてきた。しかし今後のパワハラへの対処については、決して個人的な問題ではないという基本を押さえた取り組みが大切である。

どこからどこまでが問題なのか

職場での暴力や暴言が相手への人権侵害行為であることは誰でも知っている。しかし、それが指導の一環として行われたり、「仕事熱心の余り……」などと説明されると、それが果たして人権侵害なのかどうかの判断が鈍ってしまいがちだ。

さて、そこでどのような説明をするにせよ、パワハラを説明する際に欠かせないことは、このパワハラ行為は「相手を傷つける行為であって、相手に対する差別的で暴力的な行為である」という点である。ここでいう暴力というのは必ずしも物理的なものに限らない。

繰り返し強調しておくが、パワハラとは相手に対する人権侵害であるという点をしっかりと押さえることが大切である。そうした点を理解するには、相手の立場を知る、つまり相手の立場になって考えることが必要となる。

パワハラをめぐるトラブルのなかで、加害者はよく「そんなつもりはなかった」と言う。言い換えれば、それは「相手がそんなに傷ついているとは知らなかった」ということである。

しかし、自分が気づかないうちに相手を傷つけてしまっていることこそが問題なのである。そこには相手の身になって考えることができないほどの立場の違いと、相手の気持ちが理解できないほどのコミュニケーションギャップがある。

加害者が「この程度のことは……」と思っていても、受け止める側が「こんなやり方は許せない」と思うこともありうる。こうしたことをとらえて、「それなら、どこからどこまでが問題なのか」ということがよく話題になる。

そこで、もう一度考えて欲しいのが「パワハラは人権侵害なのだ」ということである。人権侵害行為であることを基本にすれば、どこからどこまでという議論はできない。そもそも人権侵害は許されることではないのだから、「この程度の人権侵害は許されるはずだ」とか「この程度の人権侵害は我慢すべきだ」などという主張は成り立たない。たとえそれが相手のためを思っての熱血指導であったとしても、人権侵害行為が許されることはありえないのである。

苛立つ職場

今の管理職層は、自分たちが若い頃にさんざん上司から怒鳴られて、「バカ野郎」「コノ野郎」は当たり前という世界に生きてきた。それなのに、自分たちが指導・教育の立場に立った途端に、「それって、パワハラじゃないですか」などと言われて、戸惑っている。

そこで、ついつい「何がパワハラだ」とか「今の若い連中は軟弱だ」などと呟《つぶや》いてみるが、どうも旗色が悪い。そんなことを言えば、「時代錯誤だ」とかえってバカにされかねない。

確かに時代が変わり、職場環境も変わってきた。人権意識が高くなって、部下といえども相手の人権を無視するような指導など許されないことも事実だ。しかし、いくら時代が変わったとはいえ、指導・教育を何でもかんでもパワハラと言われては立場がない。

今どき「バカ野郎」「コノ野郎」は当たり前という職場も少ないだろうが、いわゆる熱血指導やスパルタ教育という考え方がまったくなくなった訳ではない。いや、むしろ苛立《いらだ》つ職場が増え、ついついこうした乱暴な言葉が飛びかってしまうケースは増えているのではないだろうか。

どこの職場でも人員が減らされるなか、仕事が増え、スピードが上がり、ミスが許されなくなってきている。おまけに成果主義などの導入によって、短期間に成果を上げることが求められ、結果への評価が厳しくなっている。

こんな職場環境の変化が苛立つ職場を作り出し、そこではついつい声を荒げる上司を激増させているという図式である。しかし、そうした個人の感情をむき出しにした叱責が、善意か悪意かは別にしても、熱血指導ということで部下に受け入れられるかどうかは、また別問題である。

「昔は……」と言うのであれば、昔はまだそうした感情をむき出しにする叱責を部下の側にも受け止める余裕があったのである。たとえ乱暴な言い方でも、それを受け止める側がその意図を理解し、受け止めることができる時代はそれでよかった。

しかし現代では、多くの部下たちは、そうした上司の叱責を熱血指導などと受け止める余裕はない。いや、叱る側にも昔のように、部下を思いやる余裕がなく、ひたすら自分の感情を部下にぶつけるだけという場合が多いことが問題なのである。

典型的なパワハラタイプとは

そこで、あらためてパワハラをする人のタイプについて考えてみることにする。どこの職場にも、「歩くパワハラ」などと呼ばれている短気なキレやすい上司がいるかもしれない。

しかし、陰口をたたかれながらも、そうした人たちは「でも、仕事ができる」とか「言うだけのことはやっている」、場合によっては「あれで、憎めない」「部下から信頼されている」と賞賛されていることも多い。

そうなのである。「歩くパワハラ」と呼ばれているような人たちが典型的なパワハラタイプかと言えば、必ずしもそうではないのだ。むしろ、派手なアクションがないため表面的には問題にされないが、陰湿なタイプの人のほうが問題だったりすることもある。

話を分かりやすくするために、労働相談や裁判に現れるパワハラタイプの特徴をあえて整理してみると、①プレーヤーとしては優秀、②自分の実績への自負がある、③しかし、プライドが高く周囲のアドバイスを受け入れない、などの点がある。特に①、②は、むしろ長所であり、この程度の自負をもっていなければ部下の指導などできないじゃないか、と思う人も多いだろう。

問題は、その長所が転じて短所になることに注意が必要ということだ。①は、とかく自分の能力への過信から部下の長所を褒《ほ》めて伸ばすことができないことにつながり、②では、「誰だってやればできるハズ」という思いが強く、「なんで、本気になってやらないんだ」などと部下の努力や頑張りを認められないことにつながる。また③は、相手の意見を受け入れられない、相手の立場を認められないタイプということである。こうした人たちとのコミュニケーションは難しい。

一方的な自己肯定的対応はパワハラの基本型となる。

こんなタイプの人たちは、部下の長所を認めて、褒めて使うことができない。さらに、周囲や相手の気持ちを汲《く》み取れないため、好意的なアドバイスを非難と受け止め、「オレのやることに口を出すな」などと、叱責をエスカレートさせてしまう。

肝心なのはコミュニケーション

同じことを言っても、人によってパワハラになったりならなかったりする。とかく、怒鳴ったり、大声を上げたりという見かけに惑わされたり、「バカ野郎」とか「コノ野郎」という言動が注目されるパワハラだが、判断基準はそこにはない。そうした外見上のことも問題にはなるが、それはあくまで「好ましくない」という程度のことだ。

さきほど指摘した三つの点に戻って言えば、「歩くパワハラ」と言われながら尊敬されている人たちは、①、②、③の短所をきちんとカバーできているということになる。①たとえプレーヤーとして優秀であっても他人を否定せず、②実績があっても鼻にかけない謙虚な人であれば、そして、③謙虚に人の言い分に耳を傾ける人であれば、「パワハラをしている」などと言われることはない。

一番肝心なのは相手とのコミュニケーションである。相手を認め、相手に認められ、理解されるコミュニケーションを大切にしていれば、熱血指導に躊躇《ちゅうちょ》はいらない。

6　パワハラ加害者にならないために

空気が読めない人？

上司の側に「歩くパワハラ」問題があるとすれば、部下の側には「KYな部下」という問題がある。

——Aさんの場合はパワハラを受けても仕方ないですよ。何せ、係長のくせに気が回らないというか、場の空気が読めないんですよ。あれじゃあ、いくら課長でも我慢の限度がありますから、キレて当然ですよ。

キレる上司と空気の読めない部下の関係が、パワハラとの関連で話題になることが多くなってきた。

たしかに、こんな職場の出来事を見ていると、「パワハラの加害者はキレやすい上司で、被害者は空気が読めない部下だ」というように、個人的な性格に原因がありそうに思えてくる。そして「加害者がキレやすい人」であるのに対して、部下の側は「空気の読めない人が被害者になりやすい」ということは、それなりに説得力をもっている。

つまり、「空気が読めない人」は相手をイライラさせたり、周囲と合わせられないからパワハラにあったり、いじめられたりするのだということになる。そうしたことから、パワハラの原因を加害者側だけでなく被害者側の個人的なキャラクターに求めようとする思い込みも巷《ちまた》に流布している。

本当にそうなのだろうか。それはあくまで現象面だけをとらえているに過ぎないのではないか。いずれにせよ、こうした見方は個人的な特性に注目した加害者像であり、被害者像だ。

すでに指摘したように、個人のキャラクターが事態の悪化を加速させる理由にはなっても、パワハラはあくまでキャラクターによって起こされるのではない。たとえそのように見える場合についても、その原因となっている、相手に向けられる差別的な視線の原因について考えることが大切だ。

相手のキャラクターがKYであっても、そこにパワハラが起こるのは、パワーが働くからである。たとえ相手がKYであっても、上司であったり、立場の強い人であれば、その人に対してパワハラは起きない。

KYな上司がいたとしても、その上司がパワハラの対象になることは、あまりない。せいぜい陰口をたたかれるか嘲笑の対象になるに過ぎない。つまり、パワハラは力の強い人に向けては起きにくく、相手が弱い立場であるからこそ、その人に向けてパワハラは起きるのである。

弱者に向かうパワハラ

パワハラが差別的な意識のなかで起こりがちなことを示す端的な例として、職場で弱い立場の人に向けてパワハラが行われるという特徴がある。最近では、どこの職場でも、派遣に限らず、嘱託、パート、アルバイト、契約社員など、多様な雇用形態の人たちと一緒に働くことが多くなってきている。

そこで、そうした正社員に比べて弱い立場にある人たちに向けたパワハラが、典型的な形態になりつつある。多様な雇用形態の人たちが働く職場で起こりがちな、モチベーションや仕事に対するコミットの仕方の違いが、コミュニケーションギャップを生み出す。それが「そんなつもりではなかった」という意思疎通のズレを生み、相互の食い違い、思い違いを決定的なものにしてしまいがちである。そこに雇用形態の違いが加わることでパワハラが起こされる。

日本では、雇用形態の違いは単なる働き方の違いではない。そこには、働き方の違いによる一種独特の身分差別意識が伴っている。「パートさん」「派遣さん」などという呼称に込められた働き方の違いや責任の軽さに向けられる視線が、微妙な差別意識を生み出す。

雇用形態の違いによる身分差や意識差から起きるパワハラを理解するには、たとえ話としてよく使われる「足を踏んでいる方は、踏まれている人の痛みは分からない」という考え方が手助けになるだろう。

つまり、加害者(踏んでいる人)は、被害者(踏まれている人)の足の痛さを理解できないということである。いつの場合にも、この踏まれた痛さは、踏んでいる人はもちろん、隣で見ている人にもなかなか理解できないのが事実である。

そうであるからこそ、本人(被害者)が声を上げたら、当然その人の訴えに耳を傾けること、そして理解を示すことが大切になる。これがコミュニケーションの第一歩になる。

コミュニケーションギャップはどこから?

パワハラが起こる要素の一つとして、相手の意思を無視してもいいのだという一方的な見方や、相手の意思をないがしろにしてしまう差別的な姿勢があることを、まず理解しなければならない。こうした差別的な視線を解消するためには、これもよく言われるのだが、「自分が望むように相手にもすればいい。自分がされたいように相手を尊敬すればいい」ということがある。

これは、相手を常に思いやる心と、相手に常に敬意を払う意思があれば、決してパワハラは起こらないということだ。つまり、現代は叱る側にも叱られる側にも相手を思いやる余裕がなく、あったとしても、それをあうんの呼吸で伝えたり、受け止めたりする人間関係ができていないことが多いのである。

昔なら「飲みニュケーション」をはじめとして、様々な場面で上司と部下はお互いを知る機会があった。ところが今ではそうした余裕はなくなり、職場の上下関係のなかだけでしかコミュニケーションを図ることができなくなっている。まして、個人的な感情をぶつけ合うことを避ける気質の若者に、そうした感情を顕《あら》わにする上司を受け入れることを期待するなど、とうてい無理である。

現に、最近の若者の意識調査などでは、「上司が感情的になると、どんなにいいことを言っていても聞き入れることができない」という人たちが増えている。こうした若者を相手に、「熱血だ」「スパルタだ」と言ってコミュニケーションを強要するのは無理、ということになる。

まして、上司が部下に向けてストレスを発散するような叱責は、指導や教育にはなりえない。

また、すでに触れてきたように、雇用形態の多様化はコミュニケーションをより困難にする職場環境を作り出している。

加害者のストレス状況

昔から、空気が読めない人や、キレやすい人はいたはずだ。だから、もしそうした議論をするのであれば、少なくとも、なぜ今パワハラなのか、なぜ最近になってそんなことが取り上げられるようになってきたのかを問題にしなければならない。

キレやすい人や空気が読めない人は昔からいたし、職場によくあるエピソードとしてそんな人たちが登場する場面には事欠かなかったはずだ。今問題なのは、キレやすい人や、空気が読めない人が異常に増殖したように見えることなのだ。

そうであるとすれば、個人の問題ではなく、その増殖の原因や背景にも注目しなければならない。その原因とは、一言で言えば職場自体が苛立ってきているということである。どこの職場でも仕事が増え、スピードが上がっている。そして、ミスに対しても厳しい職場が増えている。

パワハラの背景には、そうした職場環境の変化がある。仕事が増え、スピードが上がり、ミスに厳しいというように、職場のハードルが徐々に上がっているのだとすれば、その高いハードルを越えられない人が出てくるのは当たり前だ。

そんな人たちには、職場の空気を読むゆとりなどあるはずがない。また、仕事のスピードが上がり、増え続けるノルマをこなさなければ自らの責任を問われることになるため、上司の余裕も失われる。それが、キレやすい上司を生みだしているのである。

このような時代に、パワハラの被害者にならないように努力することは難しい。言い方を換えれば、被害者の落ち度だけでパワハラが発生するのであれば、被害者の注意で回避が可能かもしれないが、そうではないからだ。

むしろ、パワハラの原因の多くは加害者側にあり、加害者のストレスと、その向かう方向こそが問題なのである。だとすれば、加害者のストレス状況に注目しなくてはならない。

パワーハラスメント・セルフチェック

パワハラをコミュニケーションの問題としてとらえた場合、自らのストレスと部下との関係をチェックして振り返ってみることは、加害者にならないために大切だ。職場での日常についてのセルフチェック表(「職場のハラスメント研究所」作成)を以下に紹介するので、ぜひ活用していただきたい(管理職ではない人も「部下」を「同僚」に置き換えてチェックして欲しい)。

〈あなたの職場のストレス度——セルフチェックをしてみる〉

□ ①どうも、できの悪い部下との巡り合わせが多い気がする。
□ ②周囲にマヌケなやつがいて、イライラさせられることが多い。
□ ③ついつい、部下の前で上司の不満を言ってしまうことがある。
□ ④部下のミスが気になるが、黙ってカバーしてしまうことが多い。

□ ⑤最近、仕事の進行管理がうまくいっていないと感じている。
□ ⑥今の会社に自分はどうも合わないと感じることが多い。
□ ⑦対抗意識を燃やしてくる人とは、とことん張り合う方だ。
□ ⑧部下などから批判がましいことを言われて、逆ギレしたことがある。
□ ⑨多少仕事はできても、日ごろの言動から尊敬できない上司が多い。
□ ⑩イヤな出来事があると、なかなか割り切れずに引きずってしまう。
□ ⑪ついつい、部下の前で会社批判をしてしまうことがある。
□ ⑫部下を叱るとき、ＴＰＯ(時・所・場合)を考えないことがある。
□ ⑬部下の言い訳が多すぎると感じている。
□ ⑭周囲の調和を乱す目障りな部下がいる。
□ ⑮最近、職場の人間関係が憂鬱《ゆううつ》に感じることが多い。

〈解　説〉

さて、結果はどうだっただろうか。全体的には、一五問のうち計一二問以上にチェックが入っている場合は要注意だ。現在まさに危険区域に入っており、レッドゾーンにあると言ってもいいからである。

八～一一問の場合は注意状態で、イエローゾーンである。早急に原因を探り、対処すればレッドゾーンは回避できる。ただし、放置しておけば間違いなくレッドゾーンに移行することになる。

七問以下は、ほどほどのストレスのなかで、比較的良好な職場環境が保たれていると言ってもいい。ただし、危険な兆候が含まれていないかをチェックして、今後に備えることは大切である。

全体的な評価に続いて、さらにその診断に入ることにする。まず、見て欲しいのは、設問の①、⑤、⑮だ。これは、職場の現状をチェックする項目である。この三つの設問に二つ以上のチェックが入っている場合には、今あなたの職場にパワハラ警報が鳴っているということになる。早急に、その原因を突き止めて、警報のスイッチを切らなければならない。

ここからは、その原因探しをしてみよう。まず、設問③、⑥、⑨、⑪、⑬、⑭にチェックが入っているかどうかだ。それぞれが、原因を指し示している項目である。

⑬と⑭にチェックが入っている人は、部下への不満をためている。部下との関係を見直すことが必要で、問題があれば、まず部下と率直な意見交換を始めてみていただきたい。

③と⑨は、上司への不満を見たものである。あなた自身が上司に不満をもっており、上司と部下の板挟みになって、さらにストレスを抱え込んでいる状態となっている。

⑥と⑪は、会社全体への不満度を見た項目である。これもチェックがあれば要注意である。労働条件や会社の方針、上層部への不満などが、職場環境を悪化させているかどうか点検が必要だ。

次に、あなた自身のパワハラ体質を問うのが、②、⑧、⑫である。二つ以上チェックが入った場合には、あなた自身にパワハラ体質の傾向があり、あなたがパワハラを引き起こす張本人になりかねないことを示している。自覚があればまだしも、その自覚がない場合には、より危険度が増すことになる。身辺を見回し、意識してその要因となることに目を向け、除去しておかないと、パワハラ加害者になってしまいかねないので要注意である。

④、⑦、⑩は、そんなあなたのストレスため込み度チェックである。これも二つ以上は要注意である。責任感や自制心が強いあまりに、自らがストレスをため込みやすい体質であることを示している。それがあまりに強過ぎると、突然、限界を超えて暴走することにもなりかねない。そうしたことを回避するには、適度にストレスを発散し、コントロールを心がけることが必要だ。まさに、現状ではそうしたことができていないということの自覚が必要である。

以上、詳しく見てきたが、どう思われただろうか。「自分に限って……」という思い込みが崩れた人もいるかもしれないが、それは仕方がない。社会全体が高ストレス化しているなかで、あなただけが例外ということはありえないからだ。

幸いにして多くの問題をクリアし、健全な職場にいることを再認識した人は幸せだと言える。この高ストレス社会で、例外的存在であることの貴重さをぜひ大切にしてほしい。

最後に、上司の方々に、部下の叱り方についてワンポイントアドバイスをしたい。

①叱るときはその場で叱らずに、後でゆっくりと叱る（最低二時間は間を置く）

②相手への期待を込めた叱り方で終わる（「きつく言ったが、キミには期待しているんだ」など）

この二つをぜひ、心掛けていただきたい。

7　パワーハラスメントをどう防ぐか

労務管理上の課題として

パワハラは従来、どちらかと言えば個人の問題とされ、企業が積極的に関与すべきテーマとは考えられてこなかった。しかし、これからは職場環境の問題としてきちんとした取り組みを進めていくという考え方をもつことが大切である。

セクハラにせよパワハラにせよ、そうしたトラブルが起きる職場には、その背景に絵に描いたような志気の低下がある。つまり、労務管理上も見逃すことのできないテーマがいろいろとあるということである。ハラスメントとは、そうした腐った土壌に咲くあだ花だと言ってもいい。

セクハラと同様に、パワハラも、その対策を考える場合に職場環境の問題ははずせない。つまり、パワハラは職場環境と密接に結びついて引き起こされるということである。

もう少し平たく言えば、職場環境が悪いところではパワハラは起きやすく、職場環境がきちんとしているところでは起きにくいということである。職場での人権意識が高く、コミュニケーションがうまくいっているところでは、パワハラは起きない。

したがって、労務管理上のテーマであることを前提にした場合に大切なのは、その予防であり、パワハラの起きない職場をどのようにして作り出していくのかという対策である。つまり、パワハラの起きない、起きにくい職場環境をどのように作り出すのかが問われる。

職場環境の問題として

対策の基本は、パワハラの起きない良好な職場環境をいかに維持するのかということだ。すでに見てきた裁判でも、そうした視点から職場環境配慮義務を問題にして、使用者責任を問う流れになってきている。そのために、職場環境配慮義務とはどのようなもので、その義務と言われるものは何かを、まずしっかりと理解する必要がある。

当たり前のことだが、企業は働いてもらうために労働者を雇用しているのである。そして、雇用される側の労働者は労働をして賃金を得るために出社してくる。雇用契約によって、企業は労働者が最大限に能力を発揮できる働きやすい職場環境を用意し、労働者はそこで最大限の能力を発揮して働く義務があると言える。

ところが、セクハラやパワハラは、こうした雇用契約を明らかに阻害するものであり、ハラスメントが蔓延《まんえん》する職場では、労働者は十分な能力を発揮することができなくなる。こうした職場では、労働者の仕事の能率が落ちることは当然であるし、労働者の仕事への意欲をそぎ、働き続けることができなくなる状況を招くことにもなりかねない。

そこで、雇用契約の本来の趣旨を考えたとき、使用者は労働者に働きやすい環境、つまり良好な職場環境を提供することが義務であるとされる。そして、それができない場合には使用者責任を求めるというのが職場環境配慮義務の考え方である。

パワーハラスメントを許さない職場づくり

職場環境の重要なテーマであるとはいえ、パワハラは加害者にはなかなか自覚されにくいことも事実である。職場には「歩くパワハラ」と陰口をたたかれる人が必ず一人や二人はいる。しかし、そうした場合でも、本人たちがまったく無自覚であることが多い。

また、本人たちの自覚のなさを支えているのは、まさにその職場の環境の問題でもある。つまり、誰もそれを指摘せず、言い換えればそれを受容している職場環境があるからである。

こうしたことをお互いに注意しあえる職場づくりこそが、パワハラを許さない職場づくりの第一歩だとも言える。言い換えれば、パワハラに敏感な職場づくりが大切であり、お互いに気づきあえる職場づくりということになる。

特に管理職は、指導・教育だと思っている自らの言動が、いつのまにか「業務の範囲を逸脱した命令」(「休んでる場合か」「いやなら辞めろ」など)や「相手の人格を傷つける言動」(「グズな性格」「バカじゃないの」など)になっていないかどうかをチェックすることが大切だ。

職場におけるパワハラは、個人への人権侵害であるばかりでなく、働く人たちの能力発揮を妨げて会社の効率を低下させる。さらに、問題が内部告発などによって事件化すれば、企業の社会的評価を著しく低下させることにもなりかねない労務管理上の問題でもある。

誰もが安心して働き続けるために、ハラスメントのない職場環境を整えることは、今や企業の責任であり義務であるというのが時代の流れと言える。

繰り返し指摘してきたように、パワハラと言われるトラブルは、きわめて現代的な職場環境のなかで起きている。つまり、古くからのテーマではあるにせよ、最近の職場環境の変化のなかで起きている、古くて新しい問題だと言ってもいい。

「べからず集」では対応できない

パワハラの概念を説明するのに、これまで「過度な叱責」とか「いじめ」という言葉を使ってきたが、その本質をしっかりと理解するのは、簡単そうに見えて決して容易なことではない。俗説としてよく言われるように、同じことを言ってもパワハラになる時もあり、ならない時もある。さらに、同じことを言っても人によってなったりならなかったりする。もっとやっかいなことに、一体どこからどこまでがパワハラなのかということは、そう簡単には決められない。

セクハラについても同様のことがある。同じことを言っても、同じことをしても、人によって……、などと言われて、「女が勝手に決めるのか」「いい男はいいのか」とか「そんなわけのわからないことで処分を受けることは納得できない」などと、逆ギレした人も多かった。

しかしこのやっかいなスタンダードは、人権を考える場合には欠かせないものだ。「バカ野郎」「コノ野郎」や「いやなら辞めてしまえ」などと言えば即パワハラになるだろうというのは、半分は正解だが半分は不正解だ。そうした相手を傷つけるような言葉はパワハラになりやすいという点では正解だが、そうした言葉が即パワハラになるとは限らないという点では不正解、ということである。

つまり、同じ「バカ野郎」でも、電車で隣合わせた見知らぬ他人から言われる場合と、親しい友人同士の会話では、自《おの》ずと意味合いが違ってくる。職場に限定しても、尊敬する上司から「バカ野郎、しっかりしろ」と言われる場合と、日ごろから信頼できない上司から言われる場合とでは、当然受け止め方が変わってくる。

また、シチュエーションによっても受け止め方が違うことは言うまでもない。たとえば、個人的に呼び出されて言われた場合、会議の最中にみんなの前で言われた場合、そして朝礼の場で言われた場合、それぞれによって受け止め方が違うことが想定できるだろう。

言い方はもちろん、その表情によっても受け止め方が変わる。その発せられている言葉が問われているのではなく、要は、コミュニケーション手段としての是非が問題なのである。

職種によっても、言葉の受け止め方は違うこともある。わかりやすい例としては、ガテン系の仕事では、命にかかわる危険が生じた場合などに「バカ野郎、何をしている」はアリだろうが、通常のオフィスでこれをやれば顰蹙《ひんしゅく》ものになりかねない。

ことほど左様に、パワハラ概念を一定のかたちでとらえて、パワハラ防止策を「べからず集」として表現することは難しいし、もしそのようにして理解しようとすると、その本質的な理解とは違うものになりかねない危険が伴う。

ゆとりあるコミュニケーションを

すでに触れたように、仕事が増え、スピードが上がり、ミスが許されない苛立つ職場では、コミュニケーションをとることが困難になり、ストレスの捌《は》け口が弱者に向けられがちである。しかし、こんな職場であってもコミュニケーション次第でパワハラは回避できる。

仕事のスピードが上がり、ミスが許されない職場では、仕事の遅い人は非難されがちになる。またテキパキとした仕事が求められる職場では、そうした雰囲気についていけない人はＫＹとして疎《うと》んじられがちである。しかし、

——彼は仕事は遅いが、彼のもつ技術と経験はピカ一だ。まあ、あんな気の利かないヤツだが、彼を支えてみんなでもり立てて頑張ってくれ。

という上司の一言、そして、部下から、

——空気を読めないのは彼女のキャラクターなんですよ。あの真面目さと融通の利かないところが部下から信頼されている理由なんです。

などの言葉があれば、職場での彼や彼女に対する対応は変化する。そして、そんな気配りは職場の余裕から生まれる。つまり職場の人間関係は、ゆとりさえあれば気づきと心配りでいくらでも変わるものである。

職場の人間関係そのものが難しくなり、上司と部下、同僚同士などの距離の取り方やコミュニケーションが難しくなっている。些細なことで職場には「さざなみ」が立ちはじめ、それが何かのきっかけで大波となり、パワハラに発展してしまうのである。

ふとしたことから人間関係が抜き差しならない状態となり、それがどんどんエスカレートして異常とすら思えるいじめにまで発展してしまうのは不気味ですらあり、現代社会を生きる人間のすさんだ心のマグマが噴出しているようで、心寒い思いをさせられる。

おわりに――パワーハラスメント対応の基本

問われる使用者責任

ハラスメントやコンプライアンスは、あらためて言うまでもなく、トップの姿勢が大きな影響をもつテーマである。企業の不祥事では、トップがそのことを知っていたのかどうか、容認していたのかどうかという関与の度合いが問題となるし、セクハラ、パワハラなどではトップの対応如何《いかん》で取り組みの姿勢が決まる。

裏を返せば、いくら取り組みを進めてみても、トップが「歩くパワハラ」などと陰口をたたかれているような会社では、パワハラの撲滅《ぼくめつ》は難しいし、自らがセクハラ体質の経営者のもとでは、セクハラ対策は進まない。

そこで、法的にも、こうした問題が職場環境の問題であり、職場環境を良好に保つ責任は企業にあるという考えに基づいて厳しく使用者責任を求め、規制が行われようとしている。つまり、トップの取り組み姿勢を問うことで、職場のパワハラをなくす方向が求められていると言ってもいい。

すでに見てきた各種のハラスメントに関する裁判でも、こうした職場環境配慮義務違反が度々判決で取り上げられて、使用者責任が問題にされている。

例えば、K市水道局の裁判(一四ページ参照)では、「職員の安全の確保のためには、職務行為それ自体についてのみならず、これと関連して、ほかの職員からもたらされる生命、身体等に対する危険についても、市は、具体的状況下で、加害行為を防止するとともに、生命、身体等への危険から被害職員の安全を確保して被害発生を防止し、職場における事故を防止すべき注意義務があると解される」として職場での安全配慮義務で使用者責任を認めている。

また、K共済病院事件（二五ページ参照）でも「病院は、雇用契約に基づき、信義則上、労務を提供する過程において、生命及び身体を危険から保護するように安全配慮義務を尽くす債務を負担していたと解される。具体的には、職場の上司及び同僚からのいじめ行為を防止して、生命及び身体を危険から保護する安全配慮義務を負担していたと認められる」としている。

職場環境配慮義務とは

それでは、取り組みの原点とも言える職場環境配慮義務とはどのようなものなのだろうか。これまでも幾度か触れてきたが、ここでは法律的な視点も入れて若干の整理をしておくことにする。

一般に企業が損害賠償の責任を負うのは、使用者または同僚労働者の故意または過失によって発生した災害や事故で、直接の行為者としての不法行為責任（民法七〇九条）か雇用主としての使用者責任（民法七一五条）によるとされてきた。

こうした考え方は、労働の場における労働災害を想定したもので、損害賠償請求の根拠は、もっぱら労務提供過程での労働者の身体、生命に生じる危険から労働者を保護するために使用者が負う安全配慮義務からくる責任と考えられてきた。

しかし、職場での人の生命はもちろん、人権に対する配慮という意識の高まりから、特に労働災害などでの補償に精神的な慰謝料などが含まれていないことを補完する使用者の義務として、職場環境全体に対する配慮義務という考え方が生まれてきた。

こうした流れのなかで、福岡セクハラ裁判では、「使用者は、……労務遂行に関して被用者の人格的尊厳を侵しその労務提供に重大な支障を来す事由が発生することを防ぎ、又はこれに適切に対処して、職場が被用者にとって働きやすい環境を保つように配慮する注意義務もあると解される」とした(福岡地裁判決 一九九二・四・一六)。

つまり、これまでの不法行為の責任を問うという考え方を基本にしながらも、より広くその責任を問うものとして、注意義務という考え方を入れて、職場環境配慮の義務を怠ったことを理由に会社が不法行為責任を負うとしたのである。

以後、特にセクハラ裁判などではこの注意義務が言われるようになり、それがパワハラ裁判でも踏襲されはじめていると言える。その内容については、おおむね、①良好な職場環境の下で労務に従事できるように施設を整備すべき義務、②労務の提供に関して良好な職場環境の維持確保に配慮すべき義務、③職場環境を侵害する事件が発生した場合、誠実かつ適切な事後措置をとり、その事案にかかる事実関係を迅速かつ正確に調査すること及び事案に誠実かつ適正に対処する義務、という区分で論じられている(仙台セクハラ事件=仙台地裁判決 二〇〇一・三・二六)。

管理職の責任

職場環境配慮義務という考え方が徐々に確立するなかで、職場の労務管理でもこうした配慮義務を意識した取り組みが必要になってきた。

こうしたプロセスを経て、徐々に使用者責任が厳しく求められる機会が増えてきた。しかし、使用者責任と言っても、実際に現場でそうした義務を果たす立場にあるのは使用者の意を受けて現場を取り仕切る管理職である。

管理職が職場で果たすべき職場環境配慮義務の内容については、すでにセクハラの法規制に関連して議論されてきた経緯がある。そこで、そうした内容を盛り込んでいる人事院のセクハラ対策マニュアルを参考に見ておく。人事院は、セクハラについて管理職が職場で果たすべき役割を、分かりやすく次のように定めている。


（基本）管理監督者は職場環境を良好に保つ責任があります
①日常の職場環境に配慮し、未然防止を心がける
②日ごろからの指導により職員の注意を喚起する
③管理監督者自身が部下の模範となるよう心がける
④職場でセクハラが発生した場合は、迅速かつ適切に対処する
⑤常に職員が相談しやすい雰囲気をつくるよう心がける

（相談）管理監督者は、職場の苦情相談を受ける立場にあります
①当事者にとって、適切かつ効果的な対応は何かという視点を常にもつ

②相談者の意向を第一に考える
③相談を受けるにあたり、先入観をもたない
④関係者のプライバシー、名誉その他の人権を尊重し、秘密を厳守する
⑤事態を悪化させないため、迅速に対応する
⑥セクハラは人権上の問題であり、絶対に許さないという立場に立つ

おおむねパワハラにおいても、管理職の果たすべき役割は、こうした内容になる。今後は、セクハラに限らず、パワハラに対しても、職場管理職の果たす役割は、使用者責任との関連でますます大切になっていくことになるのは間違いない。

求められる迅速な対応

さて、こうした企業の職場環境配慮義務のもとで、具体的な対応が求められることになるが、最後にその対応についても触れておくことにする。

パワハラにはなるべく初期段階で対応するほうが、解決が容易であると言われる。それは、時間が経過するほど深刻化することが多く、解決が困難になるからである。そこで、問題が起こった場合には、できるだけ迅速な対応が求められる。

問題が起こった場合、迅速かつ適正に問題が処理されるためには、まず、何よりも職場の苦情処理相談窓口や上司に相談が寄せられることが必要である(問題のキャッチ)。そして、その寄せ

られた相談に対して、相談窓口や上司が連携して、初期段階で迅速かつ適切な対応ができることが大切である（初期段階での対応）。問題によっては、会社のルールによって、苦情処理機関などが公正かつ厳正に対応することが、解決に向けて重要となる（信頼される解決機能）。

また、実際にいじめ問題が発生したら、相談・苦情には、次のような視点を踏まえて適切に対応することが必要になる。

①パワハラは労働者の個人としての名誉や尊厳を傷つける問題であることを基本に、人権の問題であるとの認識をもって、人権尊重の視点から対応する。

②パワハラの問題は個人の問題にとどまらない、職場環境の問題であり、雇用上の差別ともなりうる人事・労務管理上の問題ととらえて対応する。

③加害者、被害者の心理や意識の違いから生ずるコミュニケーションギャップが問題の理解を困難にしているため、双方の意思疎通を図ることを重視した対応を進める。

本書では、パワハラへの対応策の基本について述べてきた。パワハラは、多くの人にとって新たに直面する事態であり、戸惑いが多いのも事実である。しかし、そこで問われているのは、実は古くて新しいテーマである企業組織の人権感覚である。その意味でパワハラは、これからの企業活動にとって避けて通れない基本的なテーマなのである。

金子雅臣
1943年生まれ．静岡大学卒．1969年東京都庁に入庁後，品川，亀戸，王子，中央労政事務所で長年にわたり労働相談を担当．退職後は，セクハラ・リストラ・パワハラ問題を専門とする労働ジャーナリストとして活動．2008年，職場のハラスメント研究所を設立し，所長に就任．『壊れる男たち——セクハラはなぜ繰り返されるのか』(岩波新書)，『パワーハラスメントの衝撃』(都政新報社)，『知っていますか？　パワーハラスメント一問一答』(解放出版社)，『職場いじめ』(平凡社新書)，『部下を壊す上司たち』(PHP研究所)など著書多数．
職場のハラスメント研究所 URL http://www.harassment.jp/

パワーハラスメント なぜ起こる？　どう防ぐ？　　岩波ブックレット 769

2009年11月6日　第1刷発行

著　者　金子《かねこ》雅臣《まさおみ》

発行者　山口昭男

発行所　株式会社 岩波書店
〒101-8002 東京都千代田区一ツ橋 2-5-5
電話案内 03-5210-4000　販売部 03-5210-4111
ブックレット編集部 03-5210-4069
http://www.iwanami.co.jp/hensyu/booklet/

印刷・製本　法令印刷　　装丁　副田高行

ISBN 978-4-00-009469-6　　Printed in Japan